EL LABIO DEL PAYASO

ExLibric

JESÚS TORRES BEATO

EL LABIO DEL PAYASO

EXLIBRIC
ANTEQUERA 2025

EL LABIO DEL PAYASO
© Jesús Torres Beato
Diseño de portada: Dpto. de Diseño Gráfico Exlibric

Iª edición

© ExLibric, 2025.

Editado por: ExLibric
c/ Cueva de Viera, 2, Local 3
Centro Negocios CADI
29200 Antequera (Málaga)
Teléfono: 952 70 60 04
Fax: 952 84 55 03
Correo electrónico: exlibric@exlibric.com
Internet: www.exlibric.com

ISBN: 979-13-88079-38-2
Depósito Legal: MA 2026-2025

Impresión: PODiPrint
Impreso en Andalucía – España

Nota de la editorial: ExLibric pertenece a Innovación y Cualificación S. L.

JESÚS TORRES BEATO

EL LABIO DEL PAYASO

A mis ojos azules,
aunque parezcan marrones.

Índice

El entusiasmo que es ser página para los árboles

Este libro explora territorios donde la imaginación y la creatividad actúan con un anhelo íntimo de trascendencia, entre otras razones, porque la belleza cotidiana, el deslumbramiento y el misterio de quien fue niño se entrelazan con la conciencia adulta, que descubre los claroscuros de la realidad. La poesía se convierte así en medio y, a la vez, en puente: el autor, ya adulto, se acerca a lo sensible desde una búsqueda más sobria, lúcida y profunda. Con plena conciencia de lo vivido, recrea para habitar de otro modo y recuperar —con una madurez clara— aquel temblor originario que alguna vez lo impulsó a ver el mundo con asombro.

Con este fin, la palabra se erige como fuerza capaz de iluminar «el castillo abandonado», pues «el poeta es el pianista, la melodía y el piano; el capitán, las olas y el navío»; y el lenguaje con el que experimenta y descifra rehace los territorios, porque la suya es la mirada nueva de quien alcanza autenticidad, y en ella quien lee participa del «entusiasmo que es ser página para los árboles», imagen que sintetiza su aspiración a situarse en un punto de encuentro entre lo natural, lo simbólico y lo humano: de la madera al papel, de la madera a la palabra.

En mi opinión, este es el núcleo de la literatura que Jesús Torres Beato propone en este volumen lleno de resonancias e imágenes que marcan distintas fases de un recorrido, y que el lector puede conservar como pensamientos para su propio trayecto intelectual y emocional, lo que no es un logro menor. Su apuesta por la originalidad —donde reflexión y sensibilidad confluyen— evidencia un deseo consciente de dejarse sorprender y, simultáneamente, de perturbarnos mediante sus hallazgos expresivos. Algunos poemas nacen desde una visión mínima, efímera, que la retórica después materializa; otros surgen de la intuición como frutos perfectos, ideales, en los que se condensa el ser mismo de la memoria y que, como un imán, atrae y repele para anunciar con exactitud.

Considero que la afirmación «siempre hace frío más allá de la palabra» constituye otra de las preocupaciones centrales de Torres Beato. Vivimos en un contexto de sobreexposición discursiva, amplificado por la tecnología, donde proliferan interpretaciones superficiales sobre casi todo. En contraste, el lenguaje poético —sustentado en la intensidad expresiva, el ritmo y la singularidad verbal— asoma aquí como un espacio de resistencia y renovación. Incluso nos impulsa hacia un proceso de bautismo simbólico: revisar los cimientos desde los que construir. El autor lo hace al edificar «la futura casa» del verso (voz y silencio, razón y abismo) y los lectores al acceder a un entorno diferente a la literalidad del mundo, mediante una expresión que se torna en organismo. De ahí que la revelación del hecho poético le confirme que la realidad carece de sentido sin la intervención humana y que nombrarla constituye ya una forma de pertenencia.

Esta idea, presente también en su obra anterior, El abecedario de la golondrina (2019), se despliega aquí mediante la articulación entre actualidad y memoria, entre vivir humanamente y atender las exigencias cotidianas, mientras el lenguaje opera como un ámbito de libertad capaz de acercar lo sublime no como refugio, sino como casa abierta a la que se entra sin necesidad de identificarse. Y una vez dentro, invitarnos a participar gracias a la solidez del yo lírico, un yo que se ofrece como resultado de haber sentido previamente lo que se narra, y a través de un surrealismo accesible, orientado a la reflexión y a la búsqueda de la verdad.

En El labio del payaso, la vida se reconstruye para conocer el origen de determinadas experiencias personales, aquellas tan singulares que irrumpen de improviso y reclaman ser escritas con el claro deseo de establecer un vínculo directo con el sujeto de la acción. Esto demuestra que, cuando la poesía llega, debe ser acogida sin artificios, especialmente si reconoce por nosotros aquello que apenas intuimos. Y cuando es la poética la que nos entrega alguna luz, corresponde al poeta modelarla hasta convertirla en expresión de lo espiritual: «el poema a un punto de escribirse» y, una vez concluido, el intercambio entre lo poetizado y el receptor, sin duda lo más próximo a habitar plenamente, se compongan o no versos.

«La poesía canta sin ser vista». Y en este impulso de apertura —del mismo modo que vivir es una extensión de la persona elaborada por el lenguaje y los acontecimientos, y vivir poéticamente es acompañar el paisaje de los días reelaborándolo continuamente— Jesús Torres Beato nos señala el procedimiento del escritor, quien, «como profeta literario» y al poner lo mejor de sí, «es el cuerpo y la sangre de la ficción».

David Delfín

EL PAYASO

Sonrío con el labio del payaso
que se sabe médico-profeta,
instructor de jarabes poéticos,
pomada para adultos tristes y niños,
balada literaria bajo mi estrella.
Mi electricidad está a tus dedos unida
como cables de wifi conectados;
señales que, como barcos,
navegan el aire
y son origami celeste
sobre fondo de luz.
El poeta es el pianista, la melodía y el piano,
el capitán, las olas y el navío;
corchea
que introduce el pie en el lago
es su esencia.
No es cuidador de rebaños el poeta, Pessoa,
es más bien domador de murciélagos,
de toros yanquis
(paz, sin ti, son tan salvajes,
a veces, los pensamientos…),
águila que porta en el bolsillo mensajes,
antorcha de mi espíritu.
Cuando compongo, como Mozart,
soy músico, pero también soy albañil-poeta
y defiendo a obreros y a empresarios.

Me convierto, al fijarlo, en el ladrillo.
Mi corazón se crea en el sudor de la pala.

La vida es un jardín.
Al bautizar los cimientos construyo
la futura casa que será el poema
(paredes fuertes, cuartos, ventanas)
y este manuscrito
por el que paseas, ahora y para mí,
sin ropa interior.
He aquí el labio del payaso,
la trompeta de amor que, allá, el cielo,
artista acróbata, en su lejanía,
con su pincel galáctico me afirma:
página frecuente de alas,
periódico de aguas llenas de peces,
tobogán humilde del sol por el que avanzo,
desciendo de color rosa
y es mi recreo.
La nieve, allá, frente a la valla,
me llama: escucho su silencio.

Lanzo
mi ballesta de paz al centro del pájaro,
a su nido exacto de poemas:
campanas eternas
hacia lo azul.

En las mariposas

El tiempo es una aspiradora

El sol es una rosa amarilla en las piernas del viento.
Oh, violín sobre mi boca, racimo del cielo,
ayúdame a comprender por qué el ocaso
asedia
la espalda herida del minotauro-poeta,
estrangula
a las nubes finas con sus garfios,
dibuja un taxi amarillo en un charco y llueve negro.
El tiempo es una aspiradora, y viene a secarlo todo.

ÁRBOLES ENTUSIASMADOS

Oigo a árboles entusiasmados
en cada página.
Palabras en el agua
montaña abajo
que se unen
y forman el poema.
Las piedras son versos inéditos;
las amapolas, estilográficas,
y los limones parecen hijos de la lámpara.
En su luz amarillenta conviven
papeles sucios,
lluvias otoñales y cagadas de gorriones.
El escritor, como profeta literario,
es el cuerpo y la sangre
de la ficción,
el autor
que resucita palabras viejas,
limpiándole el polvo y las heridas,
los hematomas;
palabras olvidadas de la lengua
que convierto en textos
y soplo lejos de aquí. Muy lejos.
Porque oigo a árboles entusiasmados
en cada página,
inspirando su débil melodía,
la savia de su tinta.

El reino olvidado del bosque y de las letras,
las abejas del mensaje y sus ritmos.
Oigo a árboles entusiasmados
en cada página.
Oigo al entusiasmo ser árboles
y páginas.
El entusiasmo que es ser página
para los árboles.

CHOPIN

La espuma de afeitar de Mercadona me palpa la barba. Es un tacto suave, definido, cariñoso, como dos amantes juveniles que se conocen en la carretera.

Hay un pianista de color en mis células. Su música despierta en mí galeones hundidos, la voz justa de Greta Thunberg en la Flotilla, la explosión en dos de cientos de semillas. Cuando una semilla pequeña se abre y estalla en mi oído, oigo la Orquesta Sinfónica de Viena y me detengo a escuchar sus trombones, sus violines, sus violonchelos... Hay tanto sabor a cielo, hay tanto sabor a nube: música que es canción, que es halcón, que es misterio.

Los payasos-poetas nos divertimos cada tarde en la playa; jugamos a esconder la nariz roja en las caracolas, bajo la arena, decenas de narices señalando un bostezo del faro. ¿Es la luna acuífero del poema? ¿Es la luna un botón gris en el universo?

Hojas del otoño recorren tranquilas estas páginas. Detrás de estas palabras, detrás de estos espacios corretean golondrinas, piolines. Cantan en los alambres del verso.

Triunfal vegetación fue el nacimiento de la luz. Oh, canción celeste, costilla musical del vacío.

La luz babea luz y aniquila cien astros.

El aquelarre

Un dragón rojo, conduciéndolo la Bella Durmiente
cerca de Andrómeda,
explota al final de mi imaginación
como un meteorito lejano.
En la barbacoa del trece de septiembre
dos estrellas a la plancha derriten
cánticos guturales
y convierten su líquido en saliva galáctica,
en la luz de la no luz del cosmos.
John Long Silver silba desde Plutón
tragando ron triste
dentro de varios cubos de hielo.
Sobre un socavón del norte de Etiopía
hay una diadema gigante:
luciérnagas pegadas con *Super Glue*
que iluminan la oscuridad de Dios.
Un galgo corredor avanza
a treinta y cinco kilómetros por hora
desde Urano hasta Mercurio.
Empezó hace ocho siglos
y aún veo sus huellas de perro en el aire.
Lleva en la boca la manzana robada del Edén.
A las tres de la mañana
se oye su ladrido victorioso
más allá del cinturón de Kuiper.
De sus ladridos incesantes

un asteroide revienta
—como en la película de *Bruce Willis*—
y emerge un huevo alienígena de dos metros.
Los planetas son ovillos
con los que juega la tortuga cósmica.
La tortuga cósmica ha señalizado toda la galaxia.
De la luna al Egipto flotante de Orión
solo se puede ir a cien kilómetros por hora
—hay varios carteles, incluso áreas de descanso—
y, de Marte a Tritón,
como mucho, a ciento cincuenta,
si no quieres que el Policía Sabueso te multe.

El sol naranja, allá en su reino,
expulsa semen y llamas púrpuras.
Veo a una cigüeña atravesar el centro del magma
con un paquete de *Temu*
en el pico.
Al rato reparte robots inteligentes
por el tercer planeta de la Vía Láctea.
Las cigüeñas odian las señales de tráfico
y se guían por el corazón rítmico de las estrellas volátiles.
Alrededor de esas estrellas
todo es silencio y orgasmos.
Y más orgasmos.
Mi cigüeña, aún libre, voló cientos de años luz
para dejarme sobre las tetas de mi madre.
Suena la campana: el galgo acaba de llegar.

Mi hermano, Diego, es portero de fútbol 7,
y no sabe que las porterías del cielo
son más grandes ni que, en ellas,
se juega con pelotas de waterpolo
(decisión de San Pedro, puesto que el Paraíso es azul
como el agua de las piscinas).
Se oye un pedo frente a la verja del Reino de los Cielos.
San Pedro lo reprende con la regla,
pero el joven avisa que es humano y tiene gases.
«Espera, hijo, estamos repasando tus pecados»,
le advierte.
Pero el muchacho, cansado de leyes,
se tumba en la nube de *Goku* y descansa feliz.
Quiero poner las cortinas de mi abuela
en la ventana de mi imaginación
para ver España como la vio ella,
para ver a aquellos señoritos andaluces
y que el galgo galáctico les escupa la manzana infecta
y maldita.

Pavarotti canta cada sábado
la hora del rezo musulmán en la Giralda.

UN FAGOT

Llueve. Y cada gota de agua es un triángulo, un fagot, globos azules retenidos por el *sheriff*, la cántara fresca de la posada celestial.

En los pliegues del pañuelo de seda de Kortajarena, un pesquero lucha contra las aguas coléricas. Zeus lanza tres rayos. En la proa, el capitán Ahab arponea a la ballena blanca, y convierte el océano gris en ataúdes.

Pegado al cuello de un caballero inglés, en la solapa del frac, un candil ilumina novelas con letras indelebles, salvo para la lengua de un perro que las lame, las mezcla con leche y siembra en su estómago pequeño a Melibea, al submarino de Julio Verne, a las chispas magnéticas entre dos antónimos disgustados. Llueve. Y, colgando de la guirnalda del agua, hay diez soles pequeños, que son los focos del estadio de fútbol donde perdió el Málaga. Pero hay luz, mucha luz en el espacio entre dos manos conectadas; y en las lágrimas de la guajira que sostiene en brazos al mulato ensangrentado, y en el pez que redacta la declaración de independencia de los tiburones, y en el mazo trémulo del juez católico que deniega ser gay. Llueve…

Un fagot, un globo aerostático azul, la pata fracturada de un tucán malherido.

SOL

Violonchelo, melocotón, gong,
doctor galáctico,
cartero de la paloma y de los dioses,
entre dos montañas coloreas de luz el mundo;
lápiz amarillo del Creador...
¿qué buscas en el *Hombre*?

ARCOÍRIS EN LA PALABRA

Sol profesor,
     sol pájaro,
         sol hermano.
Descubres con tu rayo el pentagrama
invisible
entre los dientes
        del herido,
en la lengua de las mulas,
en mi sangre,
en los agujeros del poema.
Eres la sonata de Dios en el vertedero
humano,
el saxofón en el velatorio del caos.
Águila real:
regálame la llave de la vida
—oh, sí, la danza alegre del verbo—,
su llama inagotable,
su traje de sonidos y pinturas.
La palabra
pare
e ilumina al castillo abandonado.
Hablamos y, sin esperarlo,
renacen las antorchas.
Del labio de los conquistadores
               cayeron

monedas de oro
que atravesaron las cordilleras,
transformando el océano
                              y el pensamiento
en los lingotes del nuevo lenguaje.
Avanza la semilla, se multiplica.
Viaja firme entre
              los dientes del herido,
en la lengua
              de las mulas,
en mi sangre,
en los agujeros del poema.
Oh, sol profesor,
              sol pájaro,
                            sol hermano…
Descubres, cada día, incesante, con tu rayo:
                            arcoíris en las palabras.

SIENTO UN COSQUILLEO DE MONO TRAPECISTA

Dibuja una valenciana a lápiz las calles de Glasgow. Se posa una paloma blanca sobre mi lepra. Me fumo un cigarrillo y canto en el prostíbulo de las noches oníricas. Oigo, más allá del *Xiaomi*, el río: el murmullo de sus habitantes, el reflejo de unas moscas, las piedras soleadas. El aliento de un caballo en el cuello me despierta como un tulipán en medio del abismo. Soy la fotografía de mis fotografías. Cada instante es una carta de despedida. Tres cerezas. Un arpa junto a la catedral de Málaga. Nuestros cuerpos. Hoy he dialogado con una estrella. No tenía nombre. Su pestañeo izquierdo me recordó a mi familia. Su pestañeo derecho me recordó a mi familia. Tengo tatuado en el antebrazo una idea de Gandhi. Tengo en mi librería versos de Alberti, escritores fantasmas que brindan coñac.

He creado en mi libreta un sistema solar donde el sol gravita alrededor de la luna. Un tigre de Malasia la defiende. Hay un sombrero de *cowboy* en el suelo gris, y suenan a lo lejos, en el espacio, campanas invisibles. Dan las dos, las tres, las cuatro. Dan las cinco, las seis, las siete. Aún no es hora de cenar. Plantado sobre la pisada de Neil Armstrong, un árbol lleva inscrito en sus hojas los nombres de doce niños soldados. Las miro una a una, se deshacen lentamente en arena y se convierten en pétalos anaranjados abandonados en el aire.

Viajar hasta el sol y colocar una flauta en sus pulmones.
Volver a las cavernas y pintar en las paredes:

los mantras de *Siddarta*.

LA NOCHE COME HÍGADOS

La noche come hígados
piernas, pantorrillas y dedos;
la noche come dedos,
la noche come venas, muslos,
pezuñas y ojos
(la noche es experta en comer ojos),
y come muelas y riñones y pezones,
y come sesos y tendones y rezos,
y babea sola, triste y en cólera:
la noche come mierda,
la noche come deseo,
la noche come sueños.
La noche.
La noche.
La noche.

El militar israelí

Un militar israelí coloca una lona con el rostro de Sartre sobre la fachada del Parlamento en Jerusalén.

Una rama de pino se parte en dos por la nieve; bajo sus raíces, enterrada bajo el agua oscura, hay una pintura perdida de Da Vinci. Veo su color aún vivo en mi mente: pinceladas grises, violetas, amarillas. Bajo el agua estancada y la pintura recuperada, hay hormigas rojas asesinas que proyectan, en su pared de tierra, películas microscópicas donde hay una escena caliente entre el príncipe hormiga y la princesa.

El sol carboniza las nubes con su rayo láser; dictador, las convierte a todas, una a una, en canela, y hace llorar calima sucia sobre los reinos de taifas como lágrimas de autores españoles del siglo diecinueve.

El reloj, impasible, marca dieciocho minutos.

EL ÁRBOL Y LOS SONIDOS

¿Árbol? Da frutas.
¿Sonido? Da ondas.
El árbol de las ondas silvestres vibra.
Vibración: latir de la mañana.
Margarita naranja de lunas menguantes
donde permanece vivo el instante,
¡te arranco!
¡Te arranco, margarita, te despojo de la luna!
¡Te arranco de la lluvia, mariposa!
Mariposa que sueltas huracanes y aromas
como ríos invisibles
—son tan invisibles para mi nariz,
son tan invisibles tus ríos de polvo y luz…—.

OJOS DE PLATA

Un cielo de algas, una mazorca, un lugar de poniente donde jamás se pone el sol, una falda rosa vieja hecha añicos, una puerta que conduce hacia un misterio, hacia un abismo insondable. Cuadros, muchos cuadros, infinidad de cuadros, muchos cuadros violentos, una granada que del cielo golpea en un charco, en un vinilo encendido.

El tiempo se engaña a sí mismo, vaso frágil de la herida, y nosotros, agarrados al jardín del deseo, vivimos, existimos. Somos un trozo de niebla que camina, un hueco de roca que nunca brota, el desaliento.

Las nubes cubren el cielo y me siento una gota de agua en medio del paisaje.

Seis búhos traspasan la ventana de mi folio y lo anidan. Los polluelos descansan en las vocales a beber leche; los búhos adultos reposan en las consonantes a beber cerveza.

Oigo el murmullo de Dios: los árboles.

Hay un silencio. Suena un piano.

Yo solo ante la luna.

EL SOL EN MI *WHISKY*

El sol es un hielo en mi vaso de *whisky*. Como un caracol, se arrastra por el gran suelo azul, llenando de babas doradas mi jardín en sombra.

El oxígeno se transforma en dados, observa entre ladrillos el guepardo, aspira por la nariz la fotografía a color de una monja neoyorkina duchándose. Hay en la copa del pino nieve antiquísima que dibuja una bombilla.

Tengo la idea de quererme a mí mismo, de buscar la Plaza de España de Sevilla entre mis órganos.

Pájaro padre

La voz de un pájaro padre
me recuerda que yo también soy padre
sin tener hijos
y que cada humano es un huevo
del que puede brotar una lámpara.

EL BARRIL DE AGUA

Siete estrellas se reflejan en el barril de agua. Llega, de pronto, un mulo blanco a beber agua y, sin querer, se las traga; al rato, orina entre los olivos supernovas diminutas. Del orín dulce de las supernovas del mulo un pequeño campo de concentración surge bajo una nube eléctrica. Un espejo gigante brota del núcleo de la tierra y quema los barrotes del extraño campo genocida: los niños del islam nacieron siendo libres.

Sobre la nariz del *Indio* de Antequera se estrella un platillo volante. Abre las compuertas, y aparece un león herido por una cruz en el costado. «Yo solo quiero vivir», dice, mientras suena *Forever Young* por los altavoces de la nave. Por la escalera de metal baja una vieja del Albaicín con abanico. Lleva en la mano la pluma de Federico como un cáncer o como una rosa mal curada.

La luna y el mar, en sus ojos,

zapatean.

Desde la arena caliente de la Malagueta, mirándote reír en mi toalla, oigo el golpeo lejano de un gong en un monasterio de Japón.

SEÚL

La nieve de Seúl se deshace en bacterias con tutú y canta rap americano sobre el foco de la moto japonesa. La rueda desgastada pisa semen viejo, panfletos capitalistas y las venas azules de la avenida mojada. Un clavel posa en la luna del taxi surcoreano, salta del coche en marcha y deambula machacado entre alcantarillas orinadas. Del pétalo rojo cae una gota de sangre. En la gota roja se ven los latigazos a Jesús. Vestida de Superman, se está casando la gordita asiática con un anciano disfrazado de Elvis. El cura, con mechón gris, se santigua entre neones y come pollo frito. Lee en voz alta la Biblia y deja la huella aceitosa al borde de la página. Por el interior del párroco, pasa el coche de bomberos. Está ardiendo una de sus arterias. Un poste de la luz ha sido tronchado por un rayo y suelta chispas por todo el sistema nervioso. No tiene hematomas, sino descargas eléctricas en cada dedo de la mano, que se convierten en zarpas de oso, en anguilas.

Se oye, entre la bruma y los edificios altos de Seúl, un acordeón. No está solo: *Hwan* también lo escucha colgando de la soga.

Los tornillos negros de las cloacas vibran por el fantasma trágico de la noche.

DESLUMBRAMIENTO

Viento en los árboles,
un lápiz, una mirada.
El sol,
águila solar de joyas vivas,
candelabro del alma,
me descubre.
Un pájaro pía a otro pájaro,
pía a sí mismo,
pía al universo.
La luz fulmina la sombra con su canto,
con su lira.
Oh, arpa celestial que purificas todo,
muéstrame el camino de los poetas.

EN LAS MARIPOSAS

Un atractivo mecánico de Brasil me toma de la mano y me lleva a bailar *breakdance* por los suburbios de Río. Las venas, cables eléctricos de mi sangre, chispean rayos que mojan la cara de Valentina. No la mancho; el vino tinto de mis rayos la transporta a un agujero negro, donde observa en tanga, por una ventana, una vela de otro siglo. Un mocoso zen pinta con un palo dibujos antropomorfos en el rostro del agua de un pozo abandonado.

La brisa sacude las olas de Málaga, arrastra bolígrafos de Correos con sus uñas y sopla, enérgica, hasta encender, ya de noche, el interruptor de la luna.

En las mariposas, más allá de las montañas, un niño del 92 respira.

¿Quién los ve andar por la ciudad
si todos están ciegos?
Julio Cortázar

¿CÓMO DIVIDIR TU AMOR?

¿Cómo dividir tu amor para que me dé cifras decimales?
¿Cómo hacer para que, en la división del amor,
no me lleve ninguna
y me dé todo igual a cero, que es un círculo
en el que te hago muy por dentro cosquillas en los pies?
Veo danzar árboles en tu espalda,
vocales mojadas, flautas,
palabras en francés como una imposible
cintura de puntos suspensivos.

ESCUELA DE VAPOR

Cada poro de tu pierna izquierda es un cráter de agua. Introduzco la lengua. Noto el agua cálida. Tropical. Hay en el cráter medusas, oro y secretos tuyos de la adolescencia: palpo con mi saliva la vez que te pilló tu madre con yerba en su *Mini* rojo, tus labios de color morado pintados por el Día de la Mujer, la playlist que escuchas en los cascos nuevos, camino del *gym*, cada mañana. Rigoberta. Oasis. Karol G.

El vello rubio de tu espalda es un campo de trigo. Déjame oler el cereal de tu espalda. Déjame hundir el labio seco en sus raíces rubias y palpar con mi nariz húmeda tu tierra aterciopelada. La aspiro. Te respiro. La saboreo. Se oye un saxofón en las espigas de tu cintura que me susurra. Una tetera a fuego lento. Un cohete. Te beso y, con mis dedos, estiro y contraigo tus glúteos. Ahora decido ser tu luz. Calor. Ahora me llamo como tú, y estoy en bragas negras por el piso. Ahora me pasas, en la cama, el Camel que estoy fumando, y mastico el chicle que estás mascando y me muerdes la oreja y, sin saberlo, muerdo también la mía. Tus palabras son como barcos piratas en mi lengua y en mis pestañas; quiero decir: tus palabras son piratas, y mi lengua y mis pestañas, sus espadas y sus pistolas. Nuestras manos crean idiomas y danzan aquelarres dionisíacos ante la luna alcohólica. En el tatuaje de tu pie derecho, escribo con la lengua el poema sin letra y me levanto ciego. Mi vista se ha quedado en ese trébol verde de cuatro hojas. No puedo verte más allá del tobillo, pero presiento cerca de mí cascadas celestiales. Ven. Aprietas

con tu mano la antorcha del texto mojado y la plantas en
el globo subterráneo, que irrumpe las espumas marítimas.
Vapor. Escuela de vapor.
    Expiras. Gritas.
    Y, entre pétalos de rosas,
        nos acuchillamos.

ADN

Crecer junto a un rincón de tu ADN
y, acurrucado,
ser el genoma de tus palabras.

NUBES ROSADAS

Nubes rosadas
aspiradas
por la trompa de un elefante,
rascacielos en tinieblas,
arroyos de la sangre de la luna,
decidme: ¿de dónde me llega este viento?
Ven a rozarte, *placa tectónica*,
tú, que siempre vas desorientada
buscando un sitio fijo en el mundo.

A VECES

A veces fui
una bocanada de frío en los tobillos,
un arco roto en medio de la nada,
la peste durmiente en las cloacas
que penetró en la nariz del aire.
Sí, lo sé.
Si no fuera por este sucio bar,
no cabrían mis besos en tu maleta.

¡CUIDADO! ¡SE VAN A CAER!

Una pluma morada
moja el sol;
una página en blanco
sostiene este día
(agarrado a una farola aletea),
alarga el brazo y coge dos manzanas
(una estaba podrida),
sombrero roto lleno de fracasos,
caldo original, azaroso, irrevocable;
en tu mirada
canta alegre la mañana,
cuando de rojo, a lo lejos, alguien te grita:
«¡Cuidado, cuidado! ¡Se van a caer!».
Estrellas, besos, calles
de tu pupila.
De tu pupila oscura nació la Vía Láctea.
De tu pupila oscura emergen nuevos valles.
Tu pupila oscura
baila en el Retiro *funk*
y eres mi cuadro posmoderno.

Se van a caer…

Es tu lengua un sol puro
que recita a Neruda
y aguarda la llegada de barcos invisibles.

Estrellas, besos, calles…

Tu cintura es un abanico de astros,
y tu boca el jazmín de mi jardín húmedo.

El desgarro de las flores

Como un jaguar herido en una pierna,
subo lentamente por tu cuerpo
y beso tu ombligo, centro de la galaxia.
En tu mirada sucia mira la pitón,
el barro,
la explosión de una guitarra eléctrica,
una bombilla que revienta,
y el banco ardiendo mientras nos besamos.
¿Escuchas?
Las palabras invisibles del *sex shop*,
el *jazz* de fondo,
la luz tenue de la lámpara
y tus bragas.
Si hurgo en tu herida,
palpo la pulpa del pomelo abierto.

Advierto en tu voz el desgarro de cien flores.

«Libiamo, libiamo ne'lieti calici
che la bellezza infiora».
La Traviata, GUISEPPE VERDI

LA TRAVIATA

Dos jóvenes desnudos bailan *La Traviata*
                        en el Museo del Prado.
Como en esos tangos argentinos
se miran a los ojos,
se rozan uno a otro la dulce piel,
y se deslizan de la mano
                        entre los cuadros
como una vela conectada con el universo.
Celebran,
en el idioma de sus dedos,
la quema total de la capital,
la desaparición de los ejércitos,
la conquista de la luna por el mono.

Pero
termina la ópera,
revientan las luces del museo,
suenan las alarmas antiaéreas,
huyen del país los pájaros,
y tras el cristal amplio de la sala,
sudados,

aparecen los *exnovios*
          iluminados por las llamas.
Te miro
y suena música clásica en el Coliseo.

«¿Quién los ve andar por la ciudad
si todos están ciegos?»
JULIO CORTÁZAR

LA PANTERA

Valentina,
tú y yo existimos cuando el dedo flota,
cuando en el sofá
con tu mano
desciende a ese champán de labios íntimos,
gracias a un dedo que sí nos representa,
en esta bola giratoria, en este trío
oculto con la luna.
Porque, si los amantes se buscan,
no ven murallas en la ciudad.
Tras la ventana cerrada,
un gato azul maúlla, sin querer ver
su realidad mezclada en gritos y lluvia.
Y paseamos desnudos como panteras.
Se oye el claxon de un taxi.
La policía.
Huimos de la mano
bajo aquella caravana blanca,
y ahí,
escondidos: es temor,
es paz junto a ti, es lluvia.

Unidos, tu cuerpo contra mis brazos,
mi aliento junto tu espalda.
Y nos arrastramos desnudos los amantes.
Sacudiéndonos las nalgas y los miedos,
los prejuicios,
los maullidos,
nos fundimos como luces en la noche
y ahí paseamos de la mano por las calles,
mostrándole el culo
a los edificios.

Para Audrey Hepburn y mi mexicana

MOON RIVER

El Big Ben marca la una de la noche detrás de nosotros, y te hago una fotografía a color con el Támesis al fondo. Abres tu paraguas rojo al cielo y cantas, llueves; me sonríes; te baja una gota minúscula ahora por la nariz y te saco un moco; Dios bendiga el sacramento de tus pechos mojados.

Un rayo de luna reaparece tras la *storm* y la ilumina creyéndose actriz por Trafalgar Square (pequeña *lady*, entérese, la miro como quien busca el Buckingham Palace por su cuerpo y llora al contemplar su alma de pequeño alhelí).

Hoy voy a probarte en esta taza de té.

En mitad del ruidoso Chinatown suena, sin esperarlo, en la radio de un taxi inglés incendiado, *Moon river* al piano (esa será la banda sonora de mi canción literaria, la escucho a todas horas entre todas las palabras, ¿la oyes?) y nos besamos, animal de dientes blancos, entre grafitis del underground, pensando que algún día seremos granjeros americanos, que esperaremos en la mecedora a un hijo llamado *Dominiquè* y tocaremos juntos desde Utah la guitarra al atardecer.

Bebé, hoy soy Londres para ti. Ayer fui todo el día Lisboa; hace seis años, París, y semanas atrás, Basilea. Pero nunca fui Londres y sus torres, y hoy yo seré Londres *contigo*.

Valentina, *amor*, llévame a ti, de la mano, entre farolas encendidas.

TE TOCO EL LABIO

Te toco el labio y eres
una estrella rosa en mis manos.
Te miro
se enreda en tu pelo
el viejo saxofón herido del viento.

TIENES UN NOMBRE

Oye,
tienes un nombre tan tuyo,
tan único, singular y plural,
tan de todos y de nadie,
tan mío y de la noche, de esta noche,
tan de la luna y de los potros
y los geranios,
tan de la piedra, tan de la miel, tan del agua…
El único nombre para el que vivo,
el único nombre por el que escribo.
Pronuncio tu nombre, y mi estómago
mece esmeraldas púrpuras
                    y un tejado de rosas.

El VIEJO *RING*

Cortejar a la luna anhelo,
pero ella ama la sombra del trueno
y yo sufro por no poder mirarla.
Esta prohibición a coger la rosa y a olerla,
a ser abeja en torno a su hogar íntimo.
Eres la expresión del néctar,
la realidad del agua
la escultura translúcida de mi propósito.
Duermo sin dormir y sin ti
soy aullido de lobos en el Gran Cañón.
Pero ríes en la terraza bebiendo Negroni,
me hablas por el móvil
y se rompen los hechizos.
Para qué brazos y pulmones
si tengo tu cuerpo,
si encuentro mi destino
con la nariz tocando tu alma.

Son las seis en punto de la tarde
y cae la lluvia sobre el cuadrilátero.
Peleo con la melancolía.
Mastico su dolor frente al portátil.
Y no tengo guantes de boxeo
si estoy contigo,
y no existe el tiempo ni la derrota
si decides hablarme.

(Estanque azulado donde nada
el cisne de mi amor imposible).
Ya es diciembre, luna, y tú me mimas.
                    Ven.
Pósate en mi tejado.
Entra en la carne.
He encendido la ola y la vela por ti:
la ola del inicio de mi mundo,
que eres tú;
la vela de mi misión como hombre,
que son tus labios.
Porque todavía en este libro, oculta,
aún respiras.

Submarino en mis aguas.
Aleteo.

Imagina un césped en medio de la luna
donde dar de comer a los vagabundos del cielo.
(Poema «*Shine on your crazy diamond*»)

En lo alto de la montaña

En lo alto de la montaña, hay un mar. En las profundidades de ese mar, hay una perla rosa. Dentro de la perla rosa, hay un columpio. Montado a ese columpio, se encuentra el tigre. Son llamas las pupilas del tigre. Detrás de las llamas, se celebra un triatlón. En el cordón azul de la zapatilla del triatleta, se ven peleas callejeras. En medio de la pelea callejera, le salen alas blancas al luchador. Grita. Escupe. Quiere sangre. Quiere matar. Las alas blancas del tigre-guerrero están bordadas con mi sangre de niño. En mis lágrimas se sucedían leyendas de la Atlántida, fémures de velociraptores y goles de Rivaldo. Pero hay más. Hay redes pegajosas de pescadores que buscan delfines… Mas no me alcanzarán.

En las profundidades del mar, hay una montaña. Respiro, desde la cima, el oxígeno que me entrega el agua.

Observo el silencio

Observo en silencio
el silencio que me observa.
Es el ser sin rostro,
y, sin embargo,
es el rostro de todos los seres.
En sus llamas
veo y palpo la piel de la no materia.

«¿Quién, si yo gritara, me escucharía
entre las órdenes angélicas?»

RAINER MARIA RILKE

LA PEQUEÑA PALABRA

Oh, Sagrada Belleza,
flor o poesía:
muéstrate en el lodazal de las palabras
cotidianas
y emerge tu cabeza fresca
como el pez vivo entre sus cadáveres.
El diccionario está podrido sin tu luz.
Le desaparecen los caminos, las aves.
Veo «caracola»
y, en su código secreto,
entiendo el origen de las playas,
la sal del agua.

Hoy eriges, para mí, nuevos cielos en el *verbo alma*.
Su ternura toda salvó mi cárcel,
su toda luz lavó mi cabello,
al fin
seré la misma cosa de lo invisible:
la escarcha azul del verso.

La poesía canta sin ser vista,
es vista
y viste de olores la ciudad.

ES OTOÑO Y NO LLUEVE

Es otoño y no llueve. Las piedras saben más que yo.

Como humo de cigarro pasa la brisa volcánica, y yo, árbol privado en hojas que son astros, en hojas que son besos, que son mi mirada, tejo teoremas en la pizarra de tu espalda con rocío.

Hoy es destino y el niño azul tira piedras desde la luna.

El viento descuartiza el deseo de ser pez de los dragones y huye sierra arriba tratando de asir la lengua del sol.

Tu esencia sabe a uvas pasas, pero te toco, se transforma y es un pájaro.

El mar, ¿qué es el mar? Ondas líquidas en fondo negro, silencio roto por un párpado, faro de Cristo que ilumina.

HACE FRÍO MÁS ALLÁ
DE LA PALABRA

Hace frío más allá de la palabra.
Se va la palabra
y es como si el mundo se desvaneciera,
como si la fauna, las nubes
desaparecieran
y no quedase más que la lluvia,
el silencio
o la rebeldía de la muerte.

DOLOR

Esta soledad inesperada aguarda un timbre
una llamada que nunca suena
porque nadie me llama salvo la soledad,
el silencio que habita tras la pérdida,
la duda de saberse o no amado,
la borrasca perenne de la herida.
Como quien besa a un niño
y descubre en su mirada a San Agustín
vuelvo a la avenida
desde las galerías subterráneas de la culpa.

PENSATIVO

Pensativo,
miro hacia atrás por el retrovisor de mi vida
y veo un camino que no seguiré.
Sosegado,
miro hacia adelante y veo otro camino:
oscuridad, candil, silencio.
¿Será el río de la palma de mi mano
el único camino a elegir?

EL PÁJARO AZUL DE BUKOWSKI

A las cinco de la mañana hay árboles en la pupila del escritor. El pájaro azul de Bukowski está en nosotros, queriendo salir o llorar, cantar en la calle sin farolas de nuestro corazón. Oh, deseo. Caballo salvaje en la orilla. Ojalá ser tú, pájaro lapislázuli. Ojalá tu frente, tu lealtad, tu desesperado suspiro acuático. Ven y adéntrate en esta cueva, prende con tu vela la luz que achique este vacío, este pesado silencio, las palabras inútiles de este neurótico violín.

Pincel, cántaro en el agua, eres el grito enrabietado del lobo y la poesía.

LOS SONIDOS DEL PLANETA

Los sonidos del planeta son azules, verdes, amarillos, tienen un poco de azúcar y de sal por encima, se parecen a un astro feo y pequeño, a *una noche de amor* de Triana, a los ríos largos de España.

Los sonidos del planeta tienen forma cuadrada, redonda, triangular, tienen un poco de silencio y de desaliento por encima, se parecen a un olivo descuidado, al vermú sin hielo, al caminar de un ratón entre las ruinas.

Los sonidos del planeta se parecen a unas cuantas gotas de lluvia, son transparentes, fuertes como enfermos caballos coléricos, románticos. Tienen un poco de miel y de luna por encima, son como sabrosas granadas abiertas, como el buen cine francés de los sesenta.

Los sonidos del planeta son azules, verdes, amarillos y cantan bajo el paraguas marrón de las letras imposibles.

LAS LÁGRIMAS DE DIOS

Tengo por el brazo las lágrimas de Dios,
las promesas azules de las nubes
resbalando sobre mi cuerpo
en mi balcón
como una serenata inolvidable.

Pequeñas gotas de luz
perdidas en la nariz de los ríos.

Como trenes españoles
atravesando el Amazonas de mi piel,
siento la vibración misteriosa de lo vivo.
Oigo un aire de mosquitos, monos,
pájaros jugando.
Cuando cae, al momento, del Paraíso,
esta lágrima: el alba.

Tengo por el brazo las lágrimas de Dios,
las promesas azules de las nubes
resbalando sobre mi cuerpo,
en mi balcón
como una serenata inolvidable.

SHINE ON YOUR CRAZY DIAMOND

Imagina un césped en medio de la luna donde dar de comer a los vagabundos del cielo.

El arcángel Gabriel toca con su trompeta *Shine on your crazy diamond* de Pink Floyd a las seis de la mañana en la calle Larios de Málaga. La ciudad, aún dormida, sale al balcón con girasoles en sus manos y lanza aviones de papel con caligramas de Apollinère a sus sandalias. El señor ojos azules Gabriel chasca un instante los dedos y crea un río oscuro que cruza la calle del centro de Málaga, donde, rodeado de luciérnagas asesinas, bucea sin ropa, entre pirañas, Federico García Lorca, que aparece y desaparece lleno de heridas tras la vegetación ruidosa.

En un rincón del bosque, en silencio, Dalí pinta, enérgico, relojes derretidos en la córnea de un animal fantástico.

Si el lápiz tuviera la oportunidad de dibujar

Si el lápiz tuviera la oportunidad de dibujar, ¿se dibujaría a sí mismo? El color avispa de su traje; a Lucca con su peluche de Spiderman en una estrella o, tal vez, sentiría el chispazo de un latido, ese en donde suena el timbre interno entre un algo y su ser. Todo parece lo que no es. Por eso confundimos con los tacones a los relojes, por eso maquillamos a los espejos. Estamos tan atados, tan dentro de maqueta de arquitecto.

El polvo que corre sus calles lleva tu nombre.

LAS BALLENAS

A la sombra de la vela
he visto cómo hablan las ballenas.
Como bailarinas en la danza clásica de Moscú,
nadan plácidamente con el silencio,
reconectando entre océanos sus orígenes
con la esencia divina del planeta.
Las oigo a cada rato deletrear tu nombre,
un nombre terráqueo y verdadero,
un nombre amable, fuego para la tribu.
Como lirios tristes que brotan
del esternón del ballenato,
cuelgan
del pentagrama mojado del aire
estas palabras,
esta honda música de Bach.
Siéntate a mi vera,
                            madre ballena,
confía en mi regazo,
mézclate con mi sangre,
                            y sé mi boca.

ORO AZUL

Soy un puñado de monedas de oro calcinadas,
un pozo azul, el ojo izquierdo de la luna;
luna: isla, horizonte mío,
bombilla de Dios,
señálame el camino de vuelta a casa,
al hogar olvidado de mi espíritu.
Y todas las noches, antes de acostarme,
me acercaré a tu labio gris
y te pediré la palabra:
pétalo infinito,
sol que lame heridas de las cigüeñas viejas
a la puerta de la tierra enamorada.
Busco tras mi nombre
(el nombre perfecto del Mesías)
y solo hallo ruidos, voces.
Como si el alma perdida en Venus,
a tientas,
busco y no hallo la casa de mi Padre.
«¡Abba! ¿Dónde estás?».
Con la rodilla en el suelo,
miro mi reflejo
y solo veo sombra, sombra, sombra.
Mi voz interior es un desierto lejano.
Vuelve a casa, oh, poeta,
recuerda que eres la vida dentro de tu cuerpo,
aroma de la galaxia,

vela que limpia la ceguera de mis ojos.
Quiero abrazar contigo descalzo a los niños.
Quiero escuchar contigo de los árboles las raíces.

SI HE DE DECIR

Si he de decir una palabra con mi boca,
que sea «lluvia».
Si he de soltar la duda,
abandonar los campos desérticos del desconsuelo
para tenerte...
oh,
dulce sinfonía.
El dolor del niño azul,
las pisadas cansadas e inertes del país,
el poema
a un punto de escribirse.
Ya no sabe en esta ciudad ningún sonido
a lluvia.
Ya nadie mira las lágrimas
de las palomas.

A mis padres, por ser casa y consejo.

*A los poetas Antonio Ríos y David Delfín,
por sus observaciones y su amistad.*

A mi pasado, por ser ancla y linterna.

A todas las personas que alimentáis la energía del payaso.